Pauli   Manni   Lina

Brigitte Weninger wurde in Kufstein, Österreich, geboren und arbeitete 20 Jahre lang als Kindergartenpädagogin, bevor sie sich ganz dem Schreiben zuwandte. Sie hat mehr als 70 Bücher veröffentlicht, die in 40 Sprachen übersetzt und vielfach ausgezeichnet wurden. Daneben engagiert sie sich besonders für die Lese- und Schreibförderung und die Erzählkultur. Sie lebt in Kufstein.

Eve Tharlet wurde im Elsass, Frankreich, geboren und ist in Deutschland aufgewachsen. Sie studierte an der Ecole supérieure des arts décoratifs in Straßburg. Seit 1981 illustriert Eve Tharlet Bücher, für die sie viele Auszeichnungen erhalten hat. Sie ist Kindern und Erwachsenen auf der ganzen Welt durch den Erfolg ihrer Pauli-Bücher bekannt. Eve lebt und arbeitet in der Bretagne.

© 1996 NordSüd Verlag AG, Franklinstrasse 23, CH-8050 Zürich
Erstmals erschienen 1996 im Michael Neugebauer Verlag.
Alle Rechte, auch die der Bearbeitung oder auszugsweisen Vervielfältigung,
gleich durch welche Medien, vorbehalten.
Lithografie: Repro Fuchs, Salzburg
Druck und Bindung: Livonia Print, Riga, Lettland
ISBN 978-3-314-10268-4
12. Auflage 2025
www.nord-sued.com
Wir freuen uns über Nachrichten:
info@nord-sued.com

Der NordSüd Verlag wird vom Bundesamt für Kultur
mit einem Strukturbeitrag für die Jahre 2021 – 2025 unterstützt.

Brigitte Weninger · Eve Tharlet

Ein Geschwisterchen für Pauli

Nord Süd

Eines Abends rief Mama Kaninchen ihre Kinder zu sich und sagte:
»Ich habe eine große Neuigkeit: Ich werde im Frühling ein Baby bekommen!«
»Wie schön, Mama«, lächelte der große Max.
»Na gut«, meinte Manni.
»Ein Baby! Ein echtes Baby!«, quietschte Lina aufgeregt.
Nur Pauli sagte gar nichts.

Nun fragte Papa: »Wünscht ihr euch einen kleinen Bruder oder eine Schwester?«
»Das ist doch unwichtig«, sagte Max. »Hauptsache, das Baby ist gesund!«
»Ich möchte lieber einen Bruder«, meinte Manni.
»Nein, ich will ein Schwesterchen!«, rief Lina.
»Und du, Pauli?«
»Weiß noch nicht«, brummte Pauli.

Als die Kinder später in ihren Betten lagen, flüsterte Lina:
»Wenn das Baby da ist, sind wir eine Familie mit sieben Kaninchen. Wie die sieben Zwerge. Ich freue mich schon so!«
Pauli freute sich gar nicht.

Er dachte: »Wozu brauchen wir denn noch ein Baby? Es gibt schon jetzt genug Geschwister, mit denen ich teilen muss! Morgen werde ich meinen Freund Edi fragen, wie es ist, ein Baby-Geschwisterchen zu haben.«

Am nächsten Morgen lief Pauli zu seinem Freund und rief:
»Edi, stell dir vor: Wir bekommen auch ein Baby!«
»Auweia!«, seufzte Edi.
»Erzähl mir von deinem kleinen Bruder«, bat Pauli.
Edi dachte lange nach.

Dann sagte er: »Also: So ein Baby ist sehr klein und zerbrechlich. Es schreit immer, wenn alle anderen schlafen wollen. Außerdem stinkt es – nach Pipi und so. Und dauernd braucht es irgendwas. Den ganzen Tag hüpfen alle um meinen kleinen Bruder rum, nur damit er zufrieden ist. Es ist echt eine Plage, ein Baby zu haben!«

»Auweia!«, seufzte nun Pauli.
Dann sagte er: »Was meinst du – wäre es besser,
eine Schwester zu kriegen?«
Edi war erstaunt. »Wie? Kann man sich aussuchen,
was man möchte?«
»Ich glaube schon«, antwortete Pauli.
»Papa hat uns gestern gefragt, ob wir lieber einen
Bruder oder eine Schwester hätten.«

»Ja, wenn das so ist, dann rede doch noch mal mit deiner Mama«, meinte Edi.
»Vielleicht könnt ihr ja statt des Babys etwas Nettes und Nützliches bekommen.«
»Danke, Edi!«, rief Pauli froh. »Ich habe gerade eine wunderbare Idee!«

Pauli lief zu seiner Mama und sagte: »Papa hat uns doch gefragt, ob wir einen Bruder oder eine Schwester möchten. Aber ich will lieber eine Hausmaus haben. Ich werde ganz allein für sie sorgen. Bitte, Mama!«

»Aber Pauli«, lächelte Mama. »Das hat Papa bloß zum Spaß gesagt. Das Baby wächst doch schon die ganze Zeit da drinnen.« Sie legte Paulis Pfote auf ihren runden Bauch.

»Wir wissen, dass unser Kaninchenbaby bald zur Welt kommt. Aber ob es ein Junge oder ein Mädchen wird, wissen wir erst, wenn es da ist. Es tut mir leid Pauli, aber du kannst keine Hausmaus bekommen. Freust du dich denn gar nicht auf unser Baby?«, fragte Mama.

»Doch. Schon«, schwindelte Pauli, denn er wollte seine Mama nicht traurig machen.

Und dann war es so weit. Als die Kinder von der Futtersuche nach Hause kamen, zeigte Mama ihnen ein winziges Kaninchenbaby und sagte:
»Darf ich vorstellen? Das ist euer neues Schwesterchen Mia!«
»Wie hübsch! Nett! Allerliebst!«, riefen Manni, Max und Lina.
Nur Pauli meinte: »Bist du ganz sicher, dass sie neu und frisch ist?
Sie sieht ziemlich welk und verschrumpelt aus ...«
Mama lachte: »Alle neugeborenen Babys sehen so aus! Du warst genauso!«
Sie wickelte das Baby in eine Decke, legte es in Papas Arm und bat:
»Bitte, nehmt die Kleine mit hinaus. Ich möchte ein bisschen ausruhen.«

Doch kaum hatten sie die Schlafkammer verlassen, begann die kleine Mia zu weinen.
»Sch-sch-sch!«, beruhigte Papa sie und wiegte das Baby hin und her. Aber es schrie weiter.

»Gulli-gulli-gulli!«, machte Max und klopfte dem Baby den Po. Aber es schrie weiter.

»Psst-psst-psst!«, sagte Manni und schaukelte das Baby auf und ab. Aber es schrie weiter.

»Heiaaaa-popeiaaa!«, sang Lina und trug das Baby herum. Da schrie es noch viel mehr.
»Nimm du sie«, sagte Lina und legte Mia in Paulis Arm.

»Nein! Das kann ich nicht!«, rief Pauli erschrocken. Doch das Baby schmiegte sein Köpfchen an Paulis Brust – und schlief ein.

»Gut gemacht, Pauli!«, lobte Papa, und die Geschwister nickten.
So blieb Pauli nichts anderes übrig, als still sitzen zu bleiben
und seine Baby-Schwester zu halten. Ihre feinen Schnurrhaare
zitterten. Ihre Ohren waren flaumig weich und fast durchsichtig.
Und sie duftete ganz zart nach Milch und Himbeeren.
Pauli konnte sogar ihren Herzschlag spüren: Poch-poch-poch!
Pauli saß da und staunte. Die Baby-Schwester war so klitzeklein,
und doch war alles dran, was ein Kind haben muss.
»Es wird lange dauern, bis sie so groß und klug ist wie ich«,
dachte Pauli. »Bis dahin muss ich sie beschützen!«

Da rief Mama aus der Schlafkammer.
»Ich bringe ihr das Baby«, sagte Pauli. Geschickt trug er seine kleine Schwester zum Bett und legte sie in Mamas Arm.
»Wenn sie wieder weint, brauchst du es mir nur zu sagen«, meinte Pauli. »Ich tröste sie dann.«
»Danke, mein Großer«, lächelte Mama. »Ich bin so froh, dass ich dich habe.«

Danach rannte Pauli hinaus auf die Wiese. Nach dem langen Stillsitzen musste er nun hüpfen und hopsen, lachen und quietschen.
Da kam Edi angelaufen. »Pauli! Was hast du denn?«
»Ich habe ein Schwesterchen bekommen!«
»Oje!«, seufzte Edi. »Schreit sie?«
»Nein! Wenn ICH sie halte, schreit sie nicht.«
»Stinkt sie?«
»Nein! Sie riecht wie Himbeerkompott mit Sahne.«
»Pauli, ich glaube, du bist verrückt geworden«, sagte Edi.
»Edi, ich glaube, du verstehst überhaupt nichts von Babys«, sagte Pauli. Dann warf er Edi um, und sie kugelten zu zweit über die Wiese.

Schließlich lagen die beiden großen Brüder im Gras und guckten in die Wolken. Pauli sagte: »Es wird lange dauern, bis unsere Babys so groß und klug sind wie wir.«
»Mhm. Ziemlich lange«, meinte Edi.
»Bis dahin müssen wir die Kleinen beschützen und ihnen alles Wichtige beibringen.«
»Abgemacht«, versprach Edi. »Aber was sollen die Babys denn von uns lernen?«
»Na, das Wichtigste eben: Nur fressen, was gut schmeckt. Naschen, ohne erwischt zu werden. Lieb schauen, damit Mama nicht schimpft. Rindenschiffe und Baumhäuser bauen ... und überhaupt alles, was Spaß macht!«, rief Pauli. Er sprang auf und gab Edi einen Klaps auf den Rücken.
»Fangen spielen gehört auch dazu. Aber solange unsere Babys noch so klein sind, musst du mich fangen!«